74280

PANARD
AU SALLON.

N'étant d'aucun parti, je parlerai fans fard ;
Au torrent des flateurs fi ma plume réfifte,
C'eft que l'on doit fonger à l'art,
Avant de fonger à l'Artifte.

1781.

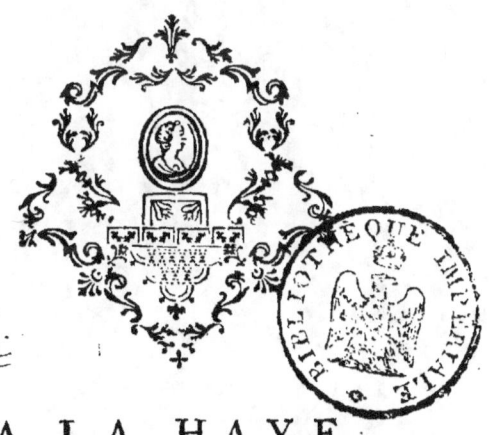

A LA HAYE,

Et fe trouve A PARIS,

Chez BELIN, Libraire, rue S. Jacques, vis-à-vis
celle du Plâtre.

(?)

AVERTISSEMENT.

PANARD eſt un des pères du *Vaudeville*, ſon genre doit plaire, c'eſt celui du moment. Il peut bien aller au Sallon, puiſque *Janot* & tant d'autres y allèrent il y a deux ans.

PANARD
AU SALLON.

PEINTURES.

M. VIEN.

Briséis emmenée de la tente d'Achille.

On reconnoît avec plaisir dans ce Tableau la touche mâle & vigoureuse de l'Artiste qui peignit Hector reprochant à Pâris sa lâcheté ; mais on n'y retrouve pas tout-à-fait la même chaleur & la même vérité de coloris. Le groupe des Soldats qui font à la barriere du camp d'Achille, est beau, mais lourd. Le ciel est d'un beau ton de couleur, & le vaisseau bien arrangé. Mais pour l'expression, elle est fausse. Achille n'a pas de noblesse dans ses proportions qui font trop courtes, dans sa figure qui est basse, & dans son attitude qui est gênée & d'un mauvais choix. On veut lui ravir sa maitresse, il devroit tout culbuter, & il a sa main droite à son casque, & son épée inutile dans l'autre. Le bras gauche de Briséis est peint avec une grande vérité, mais l'autre est lourd, ainsi que la figure.

Quandòque bonus dormitat Homerus.

L'Artiste vient d'avoir le sommeil d'Homère, j'aime
à me flatter qu'il aura son réveil. Je ne sais d'ailleurs
d'où vient qu'Achille & Briséis me rappellent toujours
Hector & Hélène? Ces quatre personnages ne sont pas
cependant les mêmes.

AIR : *De Joconde.*

Avec son magique pinceau
    Et sa douce harmonie,
VIEN fait briller dans son Tableau
    Mille traits de génie :
Mais, réminiscence déplaît
    Dans un Tableau d'histoire ;
Et voilà par fois ce que c'est
    D'avoir trop de mémoire.

M. DE LA GRÉNÉE l'aîné.

Préparatifs du combat de Pâris & de Ménélas.

On peut, en jugeant ce Tableau, juger tous les
grands Tableaux de M. de la Grénée. Toujours même
touche, couleur un peu trop grise & transparente.
Agamemnon a un air de tête noble, & une attitude
gênée qui sent le mannequin. Les proportions sont
mal senties. Voyez cette poitrine, c'est presque celle
d'un Hercule; comparez-y les bras & les jambes, vous
sentez qu'ils sont grêles. La jambe sur laquelle tombe
l'à-plomb du corps est trop roide, mais beaucoup moins
encore que celle qui est posée sur le degré de l'autel. Le
genou n'est point assez plié. On ne voit point d'ailleurs
à quoi cette jambe tient. L'attitude du bras droit n'est
pas naturelle. Priam est très-noble, & c'est la plus
belle figure du Tableau. L'attitude de Pâris est d'un
beau choix & pleine de feu. En un mot, il y a dans
ce Tableau, mais vu de près, des détails savans &

précieux, qui annoncent une étude févère de la nature. Les draperies, quoique jettées avec facilité, ont
le ton d'éventail, & les perfonnages font moins coftu-
més en Héros Grecs qu'en Danfeurs de l'Opéra.

Annibal faifant donner la fépulture à Marcellus,
eft d'un beau ton de couleur. Les groupes en font beaux
& bien agencés ; mais Annibal eft trop grand. Ses
genoux font pliés, il s'appuie fur fon cheval, qui eft
grand, & malgré cela, fa tête eft fur la même ligne
que celle du cheval. Ce tableau commence à être d'une
bonne grandeur pour M. de la Grénée.

La Peinture fera long-tems trifte *des écrits ridicules
& envenimés de fes ennemis*, fi fon confolateur ne
met pas plus d'ame dans fes confolations. Cette allégorie d'ailleurs pofe fur un principe faux, en ce qu'il
fuppofe que ce font les ennemis de la Peinture qui
font contr'elle des écrits ridicules & envenimés. A ces
traits on reconnoît un libelle, & point une fage critique. Ce font ceux qui defirent la perfection d'un art,
qui s'entretiennent avec les Artiftes de leurs fautes ; &
envifagées fous ce point de vue, les critiques font dé-
firables, & même néceffaires.

*Laïs, Alcibiade, Sara préfentant Agar à Abra-
ham*, &c. &c. &c. fuffifent à M. de la Grénée pour
prouver que dans fes petits Tableaux le génie eft en
lui réuni à l'exécution la plus précieufe, au coloris le
plus frais, au deffin le plus pur & le plus correct,
qui cependant ne donne jamais dans la fécherefle.

M. DE LA GRÉNÉE le jeune.

Les Nôces de Cana annoncent une compofition
fage & facile ; le coloris en eft vrai, l'expreffion un
peu froide, les draperies deffinées largement, & les
caractères ont de la nobleffe.

A iij

Le Martyre de S. Etienne. Compofition froide, attitudes qui ne font pas vraies ; le bourreau du fecond plan va lancer fa pierre de la manière la moins naturelle ; l'autre eft froid. S. Etienne ni le Chrift n'ont pas affez de nobleffe, & dans ce dernier, ainfi que dans les perfonnages qui l'environnent, le Peintre a outré l'anatomie qui ne doit pas fe faire fentir dans des figures aëriennes.

La Converfion de S. Paul n'offre pas de groupes naturels. Dans le premier plan, Saul renverfé, ce cheval culbuté & tourmenté dans fon attitude, ainfi que fon cavalier, ne font pas agencés d'une belle manière. La couleur en eft trop brillante, & le Chrift eft mefquinement affis fur un nuage où il paroît accroupi.

Mais voici où nous aurons à louer. *Les fils de Tarquin admirant la vertu de Lucrèce,* petit Tableau : c'eft le genre de M. de la Grénée. On y defireroit cependant un ton un peu plus chaud & des caractères de tête d'un plus grand genre. La main droite du mari de Lucrèce eft dans une attitude forcée. Le premier des Tarquins eft roide, & fes genoux font un peu cagneux. Mais le dernier montre à fon expreffion vive & vraie, qu'il adore Lucrèce, & qu'il défefpère d'en être aimé. Ce doit être au fortir de cette vifite qu'il conçut le projet d'ufer de violence contr'elle. Sa jambe traîne cependant un peu trop, & l'architecture eft trop dans la vapeur.

David infultant Goliath après l'avoir vaincu, réunit, je crois, toutes les qualités effentielles d'un Tableau. David eft bien proportionné ; les chairs font d'un ton vrai & d'un moëlleux qui gagne encore à l'examen. Son corps fe détache bien du fond, & l'on ne fauroit donner trop d'éloges à l'homme de génie qui par un coup de l'art, nous a fait voir les pieds de Goliath du plus beau fini, & qui contraftent de la manière la plus favante avec la délicateffe de David.

Meffieurs de la Grenée dans leurs petits Tableaux, n'auront de long-tems des égaux; & l'on peut dire de l'un & de l'autre :

AIR : *Du bas en haut.*

Pour le boudoir,
Travaille, charmant LA GRENÉE,
Pour le boudoir :
Quel fort plus doux peut-on avoir !
Que ta palette eft fortunée,
De fe voir ainfi deftinée
Pour le boudoir!

M. DOYEN.

Mars vaincu par Minerve.

Ce Tableau offre une double action, ce ne feroit pas un défaut, non plus que d'annoncer le fujet d'un Tableau avec moins d'emphafe, fi les deux actions n'étoient pas fur le même plan. Il eft d'une compofition fougueufe & qui part d'un génie exalté, mais que perfonne ne peut comprendre que lui feul. Tout eft lumière ou reflets; point de repos, point d'accord. Il y règne une confufion qui empêche de diftinguer le nombre, ni l'agencement des groupes. Dans le plan à gauche, au milieu de ce groupe qui devroit être perdu dans l'éloignement, on cherche à quoi peut tenir un bras qui eft tout droit, & on ne le trouve pas. Mars lui-même, groupé fur deux cadavres, ne fort point affez. La couleur eft trop crue, & les ombres brûlées; mais l'expreffion y donne de l'ame & de la vie à tout. De quel enthoufiafme ce tableau eft l'ouvrage ! mais de

A iv

combien la main qui l'a exécuté est au-deſſous du génie qui l'a conçu !

A i r : *De Fanfare.*

Auſſi prompt qu'un éclair ſur l'aile du génie,
Dans le ſéjour des Dieux . D o y e n , tu nous ravis ;
Mais ſonge à l'harmonie ;
Et ſi tu veux le prix,
Une fois en ta vie,
Finis.

M. L'É P I C I É.

Départ d'un Braconnier. Un Vieillard liſant. Le Jeu de la foſſette. Le Jeu de cartes.

Petits Tableaux vigoureuſement touchés ; couleur chaude & vraie. Idées charmantes, finement ſenties, & précieuſement rendues.

Piété de Fabius Dorſo.

Compoſition bien ſage. Caractère de tête dans l'objet principal, bien plein de dévotion. Attention muette des Romains & des Gaulois que l'on partage en regardant le Tableau. Chairs d'un ton de couleur bis qui paroît être le reflet d'un incendie, & qui eſt encore du même ton que les draperies.

Réſurrection.

Chriſt extrêmement ſvelte. Un peu de confuſion dans les deux jambes. Le bout du pied de celle de derrière a un peu de l'air du talon de celle de devant. Attitude bien choiſie de deux Soldats qui dorment, & dont l'un ſert de couſſin à l'autre. L'avant-bras de celui de deſſus plus petit avec la draperie, que le bras ſans draperie ; bras qui fait le baluſtre, & qui eſt étran-

glé vers le coude, & chairs de même ton que les draperies.

A I R : Des fraifes.

> De ces tableaux réunis,
> La gloire eft égale ;
> Mais les connoiffeurs furpris,
> Redemandent à grands cris,
> *La Halle , la Halle , la Halle.*

M. B R E N E T.

*Combat des Grecs & des Troyens fur le corps
de Patrocle.*

Compofition qui pouvoit être plus riche , & qui
n'eft pas pour cela fans mérite. Combat furieux dans
un champ de bataille prefque défert ; mais notez que les
Troyens font en fuite. Figure principale extrêmement
lourde , il eft vrai qu'elle eft chargée d'un rocher monf-
trueux; fon expreffion eft terrible , & l'idée en eft neuve
& grande. Achille paroît un enfant de douze ans que
Minerve conduit par la lifière , & n'eft pas du tout ce
Héros terrible dont la colère a fourni l'Iliade à Homère. En général, ce Tableau pèche par la couleur,
mais les draperies font légères & largement faites, les
figures favamment groupées ; la crainte de la chûte
du rocher bien fentie & bien rendue , & le défordre
d'une fuite auffi bien rendu qu'il pouvoit l'être, vu
le peu de perfonnages qui font dans le Tableau.

Adoption d'Œdippe ; Rémus & Romulus. Ce ne
font pas des la Grenée.

A I R : Chanfon , chanfon.

> BRENET, ton deffin eft facile ;
> Ta perfpective rend Achille
> Petit garçon ;

Mais quand tu veux nous rendre Homère,
Sans ſes couleurs prétendre plaire,
Chanſon, chanſon.

M. VERNET.

Toujours même richeſſe de compoſition, même chaleur de coloris, des effets de lumiere admirables, des ſites on ne peut mieux choiſis, des vérités de détail qui ne ſont qu'à lui, une expreſſion toujours vraie, & qu'il fait paſſer à ſon gré juſqu'au cœur. Voilà les droits que M. Vernet peut faire valoir pour paſſer à la poſtérité, & ces droits ſont inconteſtables. Quelle idée heureuſe, ſur-tout dans ce Tableau où ces deux malheureux expirent en ſe ſerrant la main pour ſe dire un éternel adieu! Ce ſpectacle eſt déchirant.

AIR: *Toujours il eſt le même.*

Toujours ſublime en ſon talent ſuprême,
VERNET ravit, donne de l'ame à tout;
C'eſt le Peintre du goût,
Il mérite qu'on l'aime;
Si-tôt qu'on peut le voir,
On dit, ſans le vouloir:
Toujours, toujours, il eſt toujours le même.

M. ROSLIN.

Les portraits de M. Roſlin ſont un des beaux ornemens du Sallon. Draperies peintes avec la plus grande vérité. Coloris vrai dans les têtès d'homme; c'eſt aſſez celui de la nature, dont il pourroit cependant faire une étude plus ſévere, pour rendre ſes détails avec plus de chaleur. Mais la même vérité ne regne pas dans le plus grand nombre de ſes têtes de femme. Il eſt vrai que leur ton de chair eſt difficile à rendre; & avec cela toutes veulent être flattées. Mais M. Roſlin ſent bien que la nature n'eſt pas d'un blanc de craie, & il le prouve dans ſes draperies qu'il fait blanches ſans blanc. Nous conviendrons encore que le rouge & le blanc que les femmes mettent ſur leur figure doivent rendre la nature impoſſible à ſaiſir ſous le maſque dont elles la couvrent.

AIR : *Des Portraits à la mode.*

Portrait qui paſſe à la poſtérité,
A couleur chaude unit la vérité,
Détails ſavans pleins de ſimplicité,
   Voilà la bonne méthode.
Femme à préſent qui demande le ſien,
Veut rouge & blanc ſans y connoître rien,
Ainſi plâtrée, elle penſe être bien.
   Voilà les portraits à la mode.

M. LE PRINCE.

Joueurs de boule, &c.

Coloris chaud; compoſition riante & d'un effet agréable; touche mâle, & fini précieux.

AIR : *O ma tendre muſette.*

Peut-être la nature,
Toujours belle ſans fard,
Aime moins la parure
Que lui prête ſon art;
Par ſa vive palette,
L'œil malgré lui flatté;
Sortant de ſa toilette,
Croit voir une Beauté.

M. DUPLESSIS.

Six Portraits de différentes perſonnes.

AIR : *Pour la Baronne.*

C'eſt la Nature,
DUPLESSIS, dont tu rends les traits,

Trompé par ta douce impofture,
On dit, en voyant tes portraits :
C'eft la Nature.

M. DE MACHY.

Depuis long-tems la réputation de M. de Machy eft faite, cependant on defireroit que fes Tableaux fuffent moins lourds & moins froids. Dans la *vue du Port Saint-Paul*, il s'eft permis des négligences de détails ; cependant c'eft de leur fini précieux que fes Tableaux deftinés à être vus de près tirent leur mérite. La vue du *Dôme des Invalides* a paru réunir de grands effets de lumière à une belle intelligence de perfpective ; mais elle eft froide, ainfi que celle de la *nouvelle Ecole de Chirurgie*, qui eft foible de couleur, &c.

A I R : *Fanfare de Saint-Cloud.*

Mais, dis-moi donc, ton génie,
Dans prefque tous tes Tableaux,
Peindra-t-il toute fa vie
Tes figures par le dos ?
Je demande trop peut-être,
Mais finis-les plus fouvent,
Pour qu'elles puiffent paroître
En plein midi par devant.

M. ROBERT.

Deux Tableaux repréfentans, l'un, *l'incendie de l'Opéra* ; l'autre, *l'intérieur de la Salle*, le lendemain de *l'incendie*.

Il n'eft point de ferpent ni de monftre odieux,
Qui par l'art imité, ne puiffe plaire aux yeux.

L'incendie réel m'a infpiré de la terreur, la vue du Tableau l'a renouvellée dans mon cœur. L'effet de la flâme eft de la plus grande beauté ; & je l'ai affez vu & l'ai affez préfent à la mémoire, pour ajouter qu'il ne peut être plus vrai. J'aurois defiré plus de foule & des fpectateurs, qui remuaffent encore davantage mon ame par l'expreffion de la douleur ou de l'effroi.

Le fecond, eft plein de vérité, d'un ton de couleur fi chaud, les détails fi bien rendus, que je me fuis cru ramené fur cette fcène trifte & lugubre, dont le Tableau eft l'image la plus frappante. Si nous perdions malheu-reufement M. de Machy, M. Robert pourroit nous en confoler.

AIR : *Du Serin, &c.*

Si j'avois fu, quand l'incendie
Dévoroit tout notre Opéra,
Qu'il fortiroit de ton génie
Ce que j'allois contempler là ;
Moins curieux & plus tranquille,
Au lieu d'aller porter de l'eau,
Me renfermant dans mon afyle,
J'aurois attendu ton Tableau.

Madame VALLAYER-COSTER.

Le portrait de Madame Sophie de France, & celui de Madame *** arrangeant des fleurs dans un vafe.

Le premier de ces portraits eft, je crois, le chef-d'œuvre de cette Artifte. Draperies largement faites, jettées avec légéreté, deffinant parfaitement le nud, & d'un effet égal à celui de la nature. La tête feroit plus d'effet fans doute, fi elle ne fe détachoit pas fur un rideau rouge, & les mains fi elles n'étoient pas fur un fond blanc ; mais cela eft racheté par un deffin facile & pur, une perfpective bien entendue, des lumières bien ménagées, & produifant des effets piquans : détails bien rendus, jufqu'à ce petit chien dans fa niche, qui paroît infiniment reculée, & que l'on voit cependant fans peine ; ce qui prouve avec quelle intelligence l'Artiste fait jouer fes lumières & fes reflets, & combien les effets de perfpective les plus favans lui font familiers à rendre.

Le fecond, n'eft pas d'un ton de couleur fi chaud, ni fi vrai, il eft trop dans la vapeur ; mais il feroit aifé de remédier à ce léger défaut, en faifant le fond plus fort d'une teinte ; cela donneroit plus d'éclat aux chairs, & feroit détacher la figure. L'attitude nous en a paru pleine de graces, les draperies légères, & annonçant deffous des formes fines & voluptueufes.

Quant aux fleurs & aux fruits, Madame Vallayer-Cofter foutient admirablement fa réputation, & même le voifinage de M. Van-Spaendonk le plus illuftre des rivaux qu'elle ait à combattre en ce genre.

AIR : *Annette à l'âge de quinze ans.*

Quel fpectacle toujours nouveau !
Les Grâces prenant ton pinceau ;
Mais fous de plus mâles attraits,
    Même avec gloire,
    Peignent l'hiftoire
    Dans tes portraits.

Quel moëlleux brille dans tes fleurs !
Quel feu fait vivre tes couleurs !
Leur vérité féduit mes yeux :
    C'eft la nature
    Qui, fans parure,
    Plaît encore mieux.

M. SUVÉE.

Son Tableau des *Veftales* eft d'une compofition noble, d'une ordonnance impofante, fes figures font bien groupées. Son expreſſion n'eſt pas entierement celle du moment. L'action du Tablèau eſt Emilie ſoupçonnée ; mais juſtifiée par le Ciel. Aucune tête n'exprime cependant la joie que ce prodige doit inſpirer. Au moment où le feu du Ciel rallume celui de l'autel de Véſta , il devroit régner ſur une partie des figures une allégreſſe d'autant plus vive , qu'elle étoit ineſpérée. Emilie eſt bien intéreſſante , ſon caractere de tête eſt bien noble ; cette petite Veſtale qui embraſſe l'autel , & qui détourne les yeux avec effroi , nous a paru d'un choix heureux d'attitude. Ce Tableau eſt d'un beau ſtyle , & préſente de belles maſſes : mais un reproche général , c'eſt que la couleur eſt crue , les draperies roides. Les têtes à part , les figures ſont du ton du marbre ſans en avoir le relief. Le coſtume étoit ingrat , & demandoit beaucoup d'art pour adoucir l'effet tranchant du blanc & du rouge.

Tableau allégorique ſur la liberté accordée aux Arts.

Allégorie d'une compoſition belle , mais froide ; d'une couleur vraie , mais point aſſez chaude ; des idées agréables , mais qui ne ſont point celles du génie ; le portrait du Roi perdu dans l'ombre ; point aſſez de mouvement & d'expreſſion dans les figures. En voyant ce Tableau on dit : voilà qui eſt beau , & on reſte-là. A ce ſujet il faut que je raconte une petite hiſtoriette :

AIR : *Ton humeur eſt , Catherine.*

Racine , au plus grand critique ,
Lut un jour des vers nouveaux ;
D'un air froid le Satyrique
Dit après : Ces vers ſont beaux.
Racine entend ce langage ,
Qui juge auſſi le Tableau ,
Je déchire ſon ouvrage ;
C'eſt encore mieux , dit Boileau.

Il n'y a qu'un homme de génie, & qui n'a pas befoin d'un Tableau pour fa gloire, à qui on puiffe donner un confeil en apparence fi dur.

M. VANLOO.

Magdeleine pénitente.

Compofition fimple, couleur chaude, mais un peu crue.

Le Juif Pharifien.

Même compofition, même touche, mais malgré la meilleure volonté du monde, je n'ai jamais pu m'empêcher de croire que les figures entroient en danfant.

Sainte Famille.

Ce Tableau m'a paru le meilleur de ceux de M. Vanloo: Le deffin en eft plus pur, il y a plus de moëlleux dans les formes & les arrondiffemens, plus d'intelligence dans les demi-teintes & les lumières, ce qui fait que ce Tableau eft bien de repos.

Promeffe de fidélité : l'Amante abandonnée : les Amans unis par l'Hymen & couronnés par l'Amour.

AIR : *Dans ma cabane obfcure.*

Vanloo, pour toi je tremble
Dans ces derniers Tableaux,
Indignes, il me femble
De tes favans pinceaux.
Répare cette faute :
Déjà ta main de près,
Touche à la papillotte ;
Ne la mets plus jamais.

M.

M. TARAVAL.

La Sybille de Cumes.

Mêlange bizarre du Paganifme & du Chriftianifme dans la compofition, auffi déplacé que Caron dans le Tableau de l'Enfer, mais qui n'eft pas racheté, comme lui, par des beautés fublimes. Draperies tourmentées & roides, la main droite d'Augufte dans une attitude forcée ; celle de la Sybille eft manquée, fait les cornes, & eft trop petite ; l'effet de lumière fur cette main n'eft pas vrai ; couleur bife & du ton du bois.

Nativité.

Deffin fec, figures qui ont la roideur des mannequins, & qui fe détachent du fond trop durement. La compofition de ces deux Tableaux eft fimple & belle. L'Artifte y cherche des effets de lumière, fa marche n'eft pas encore bien sûre ; mais avec du travail & de l'étude, il peut y parvenir.

Triomphe d'Amphitrite.

Réminifcence de Natoire & de Boucher.

Télémaque dans l'ifle de Calypfo.

Ce Tableau & le précédent m'ont paru des efquiffes.

Diane furprife au bain par Aǎéon.

Le corps de Diane n'eft pas d'une belle proportion, ni d'un beau caractère. On diroit que cette Diane a été faite en deux moitiés qui ne font pas d'à-plomb l'une fur l'autre : la cuiffe gauche ne tient pas même au corps.

B

Esquisse d'un Tableau représentant le Roi de Suede, &c.

AIR : *Où allez-vous ? &c.*

Quant à cette esquisse, elle est bien ;
Un peu d'embarras, ce n'est rien :
Mais la couleur, not' maître...
Eh bien !
La gâtera peut-être,
Vous m'entendez bien.

M. RENOU.

Castor, ou l'Etoile du matin.

Composition supérieure à l'exécution qui est d'un effet dur par l'opposition d'un ciel trop bleu, & qui n'est pas d'une couleur vraie pour exprimer le lever de l'Aurore. Cheval lourd, dont la tête est pointue & manquée. La jambe & la cuisse de Castor mal dessinées & d'une attitude tourmentée.

M. CASANOVA.

Un clair de Lune.

Grande composition, grande manière, effets de lumière vrais & savans, touche de maître, coloris chaud, un peu cru dans le ciel, fini précieux & repos bien marqué.

Tableau d'Animaux, &c.

Autre site, autre moment, autres personnages ; mais exécutés par le même pinceau, & qui font le plus grand plaisir. C'est Wouvermens ressuscité.

Air : *Vous voulez me faire chanter.*

A la beauté de ton Tableau
Où tout nous paroît vivre,
On dit : Que ce Vernet eſt beau!
Avant de voir le livre.
Mais cette erreur ſe reconnoît ;
Et plus gaîment peut-être,
On dit : Si ce n'eſt du Vernet,
Il mérite d'en être.

M. BEAUFORT.

Mort de Bayard.

Nous nous reſſouvenons de Néron tourmenté par l'ombre de ſa mere, & en comparant ce Tableau à celui-ci, nous croyons pouvoir dire à M. Beaufort, que ſon défaut eſt de trop aſſourdir ſes couleurs. Toutes ſes têtes ont la dureté du cuivre, & l'accord général du Tableau ſe reſſent de cette teinte ſombre répandue ſur les perſonnages. Le deſſin pourroit en être plus vrai & plus exact, témoin le cheval de Peſcaire, &c ; mais la compoſition eſt grande, ſes draperies légères, & ſes perſonnages ſavamment groupés.

Air : *Guillot auprès de Guillemette.*

Mais, Beaufort, les plus belles choſes
Dans l'ombre perdent leur éclat ;
C'eſt comme qui diroit des roſes
Pour qui n'auroit point d'odorat :
Je voudrois voir quel eſt ton faire ?
Et dans la nuit mon œil ſe perd ;
Holà ! garçons ! de la lumière ;
Nous n'y voyons pas aſſez clair.

M. JOLLAIN.

Jefus préfenté au Temple.

Tableau qui ne fera pas oublier celui de Philippe Champagne à Saint Honoré.

L'allégorie de l'Humanité qui veut arrêter le Démon de la guerre, m'a paru d'une compofition grande & vigoureufe, d'un beau faire, d'un ton de couleur chaud, d'un beau choix d'attitudes. L'homme eft peint d'une manière fière & favante, l'air de tête de la femme peut-être un peu froid ; mais ce Tableau ne peut que faire infiniment honneur au génie, & plus encore à l'ame de l'Artifte. Il eft placé d'une maniere défavantageufe, mais dès qu'une fois on l'a vu, on retourne le chercher, & on le voit encore avec un nouveau plaifir.

Agar préfentée à Abraham. Agar dans le défert, &c.

Petits Tableaux qui font que l'on retourne avec plus de plaifir à ceux de MM. de la Grenée.

M. CALLET.

Le Printemps.

Beau Tableau, dont le plus grand défaut eft de n'être pas vu à la place qui lui eft deftinée.

Compofition riche, riante & vigoureufe. Le groupe de la Terre traînée par fes lions, eft admirable, le caractere de tête de Cibèle eft noble & gracieux ; mais Flore eft d'un ton de craie ; la perfpective eft bien fentie, mais le lointain, le ciel & les draperies font un peu trop crus. L'effet du Tableau eft grand, le pinceau large & fier, & le deffin de la plus grande facilité.

M. DAVID.

Bélifaire.

Tableau digne de nos anciens Maîtres par la com-pofition & la couleur. Le groupe de Bélifaire, de l'enfant qui demande l'aumône, & de la femme qui la lui donne en pleurant, eft de la plus grande beauté. Comme Bélifaire eft fièrement deffiné ! Que de détails précieux & favans dans cette tête, dans ces mains & dans ces pieds de vieillard ! comme l'anatomie eft fentie & rendue ! comme cet enfant a un air de tête noble & plein d'expreffion ! draperies largement faites, de la plus grande légéreté & def-finant parfaitement le nud.

Mais la perfection n'eft pas l'appanage de l'homme. Le Soldat eft d'un petit caractere & un peu roide, l'attitude de l'enfant, dont les deux jambes font droites & ferrées l'une contre l'autre, n'eft pas bien naturelle, & le ton de l'architecture trop rembruni. Peut-être l'attitude des deux mains du Soldat, élevées toutes deux fur la même ligne que la tête, & celle de l'enfant dont les jambes font collées, font-elles à la rigueur dans la nature, mais du moins elles font d'un vrai trop fervile.

Encore un mot. M. David cherche & fuit de près les anciens ; mais qu'il fe fouvienne que fi le temps a rendu leurs Tableaux noirs, ils ne l'étoient pas quand ils fortoient de leurs mains.

M. MÉNAGEOT.

Mort de Léonard de Vinci.

Compofition belle & fage ; idées nobles & vraies ;

B iij

exécution grande & vigoureuse ; pinceau fier & mâle ; difposition bien entendue ; bel accord ; agencement général & particulier , des groupes bien pittorefques & produifant de grands effets ; couleur peut-être un peu fombre ; figures autour defquelles on tourne ; l'air joue dans ce Tableau, tout y eft bien en place , point de confufion , point de fatigue , on voit tout d'un coup d'œil : reflets qui partent du lit, favamment dirigés pour éclairer les figures qui font de l'autre côté ; groupe du Médecin & de la femme qui tient le vafe , de la plus grande vérité & marquant adroitement le moment de la mort de Léonard. L'ex- preffion eft cependant un peu froide en général ; François premier eft noble, mais il n'eft pas affez fenfible à la mort de fon ami intime.

L'Etude qui veut arrêter le Temps.

Idée neuve, compofition grande avec peu de per- fonnages. La figure du Temps eft facilement deffinée , d'un beau caractère, la touche eft celle d'un favant Maître , & annonce le pinceau le plus exercé. La couleur eft chaude, vraie, & le Tableau eft admira- blement d'accord.

M. B E R T H E L L E M I.

Apollon faifant porter Sarpédon en Lycie.

Ce Tableau eft d'une touche foible, il eft trop dans la vapeur. Le groupe de Sarpédon , de la Mort & du Sommeil, eft embarraffé, & ne fait pas un bel effet. L'Apollon ne me paroît pas d'une belle pro- portion , il eft fvelte au point d'avoir la moitié du corps infé rieure grêle ; fon attitude eft un peu roide. Je fuis févère , mais le *Siége de Calais* & le *Martyre de Saint Pierre* du dernier Sallon m'ont rendu extrêmement difficile. Pourquoi M. Berthellemi nous a-t-il accoutumés fi fort aux chofes excellentes, que les bonnes même ne nous contentent plus?

M. MARTIN.

Sacrifice d'Iphigénie.

Compofition embarraffée, féchereffe de génie, défaut de nobleffe dans les idées & les attitudes. Iphigénie, Clytemneftre & toutes leurs femmes couchées par terre, Agamemnon qu'on cherche, &c.

AIR : *Ce mouchoir, belle Raimonde, &c.*

De perdre à quinze la vie,
C'eft déjà trop, je le crois;
Voulez-vous qu'Iphigénie
Meure une feconde fois?
Calmez ma crainte profonde;
Grâce, MARTIN, s'il vous plaît,
Ne dérangez pas le monde,
Laiffez chacun comme il eft.

M. WILLE.

La double récompenfe du mérite.

Il y a dans ce Tableau un beau tapis, & une fuperbe robe de fatin blanc avec une ceinture violette. C'eft du fatin. Mais tous les membres font trop courts, tels que l'avant-bras droit du Militaire, dont l'attitude eft tourmentée; les deux bras de la mere qui eft cependant la meilleure figure du Tableau; la tête du pere eft celle du Seigneur dans fon *Braconnier*. S'il étoit permis de fe répéter, c'eft quand on a prouvé que l'on fait varier fes fujets & fes perfonnages. A quoi tient ce petit bout de main de la Demoiselle ? Quelle attitude gênée ! Son bras gauche est trop court d'une demi-tête ; son caractère est équivoque. Si je compare son air de tête à la manière dont elle donne son petit bout de main , elle a l'air de méprifer le don qu'on lui fait. D'ailleurs son menton est de beaucoup trop long & le dessus de sa robe ne tourne pas avec grâce autour de sa gorge , &c.

M. DARAYNES.

Une sainte Famille.

Dessin dur , composition gênée , draperies roides & tourmentées , avec cela couleur froide & sale.

M. VINCENT.

Combat des Romains & des Sabins.

On reconnoît dans ce Tableau l'ame & la sensibilité de l'Artiste qui a peint le *Président Molé* ; mais ce n'est plus la même composition. Celle - ci est bien pleine de feu, mais on y remarque une disette d'idées, qui a obligé l'Artiste à répéter la même pensée, avec un petit changement dans deux groupes différens. L'ordonnance de ce Tableau offre trop de confusion ; le premier plan en est beau, en général le pinceau est mou ; la lumière est tourmentée, les reflets détruisent l'accord, au lieu d'y contribuer. Du jaune, du blanc, du verd, du gris qui se heurtent, des figures qui ne se détachent pas, des armures qui ne font point d'effet, des boucliers qui ne font pas de relief. Les Sabins sont d'un ton de couleur jaune, & les Romains blancs comme

des femmes : eſt-ce la marque à quoi ils ſe diſtin-
guent les uns des autres? Malgré cela il y a de
l'enthouſiaſme , & une expreſſion qui produit la terreur & la pitié.

M. DE BUCOURT.

*L'Inſtruction Villageoiſe. Le Seigneur bienfaiſant.
Le Juge de Village. La Conſultation redoutée.*

Petits Tableaux de grande manière, d'une touche ſavante & d'un fini précieux ; ils réuniſſent une
grande connoiſſance du clair obſcur ; la lumière y
eſt artiſtement ménagée, & les effets en ſont doux
& harmonieux.

M. LE BARBIER, l'aîné.

Le Siége de Beauvais.

Ce Tableau eſt d'une compoſition pleine de feu
& de grandeur. Les yeux ſont adroitement appellés
ſur la figure principale qui arrache un drapeau blanc
aux ennemis : c'eſt là le foyer de la lumière qui de
là ſe diſtribuant ſur les autres groupes , produit l'effet le plus heureux. On ne peut donner trop d'éloges à l'expreſſion des figures. Il y a des détails, du
fini le plus ſavant, les draperies ſont légères & on-
doyantes, la touche générale eſt vigoureuſe & fière,
& la couleur d'un bel accord. Peut-être ce Tableau
eſt-il fini trop également par-tout ; les effets ſeroient
peut-être plus grands , ſi l'Artiſte avoit pu ſe ré-
ſoudre à faire quelques ſacrifices. J'y ai encore re-
marqué quelques petits défauts dans l'agencement
des groupes. Un Soldat expirant aux pieds de l'Hé-
roïne lève un genou ſur lequel elle paroît à cheval;

mais une grande beauté eſt au-deſſous ; la tête du
même Soldat à côté de celle d'un autre Soldat vivant
qui recule d'effroi, offre un ſuperbe contraſte. Dans
le groupe à droite, la tête d'un Soldat mort tombe
perpendiculairement ſur celle d'un autre qui monte
à l'aſſaut, & les cheveux de la tête du cadavre ont
l'air d'être le panache du caſque du Soldat qui eſt
deſſous. Mais ce ſont des minuties qui prouvent cependant à l'Artiſte que celui qui les a remarquées,
a examiné ſon Tableau partie à partie, & qu'il ne
le juge pas au haſard.

M. S A U V A G E.

*Tableau repréſentant une table garnie d'un tapis
de Turquie, &c.*

Ce n'eſt pas un Tableau, c'eſt la Nature.

*Bas-relief imitant la terre cuite, d'après François
Flamand.*

Bas-relief repréſentant l'Enlevement d'Europe.

Deux bas-reliefs imitant le cuivre.

L'illuſion produite par ces morceaux réſiſte à l'obſer-
vation la plus attentive. Pour ſe détromper on regarde
par deſſous, & après cela l'imagination prévenue &
encore ſéduite, ne peut ſe perſuader que le bras d'Europe,
par exemple, le taureau, la guirlande, l'aigle, ou plutôt
tout, ne ſoit pas vraiment de relief. Ces Tableaux
annoncent dans l'Artiſte la plus grande intelligence
dans la diſpoſition des ombres & des lumières, & nous
eſpérons qu'il ne la renfermera pas toujours dans des
bas-reliefs.

Air : *La bonne aventure.*

Si je te mets le dernier
De cette critique,

Garde-toi bien de crier,
C'eſt par politique;
SAUVAGE, las de gronder,
J'ai prétendu te garder
Pour la bonne bouche,
O gué,
Pour la bonne bouche.

M. GUÉRIN.

Pluſieurs petits Tableaux de petite manière, couleur
de bois, draperies roides & tourmentées. Nous pardon-
nons à M. Guérin ſon payſage, parce qu'il eſt Peintre
d'hiſtoire.

SCULPTURES.

M. PAJOU.

Blaiſe Paſcal.

Cette Statue nous a paru d'un beau ſtyle, d'une noble
ſimplicité, & d'une vérité qui va juſqu'à l'illuſion. Les
draperies en ſont faciles & légères, les proportions
belles, & l'expreſſion la plus naturelle.

M. BRIDAN.

Vulcain préſentant les armes qu'il a forgées.

Marbre où l'exécution & l'invention ſont également
grandes & belles. Anatomie finement ſentie & ſavamment rendue, le moëlleux de la chair, la vérité des
détails & la grace des contours, flattent autant que le

fini, qui eft du plus grand précieux. Comme le marbre eft coupé franc, fans pour cela que l'effet en foit dur ! Il nous a pourtant femblé que les épaules éroient un peu trop étroites, & que le mufcle du genou gauche étoit trop prononcé.

M. MOUCHY.

Le Duc de Montaufier.

Sageffe de deffin, beauté & grandeur de caractère dans l'air de tête, attitude vraie & naturelle, proportions belles & exactes, excepté dans les jambes, que nous ne déciderons pas abfolument ê're trop courtes, mais qui paroiffent telles, de belles maffes, un peu de roideur & de pefanteur dans les draperies, qu'un rien peut rendre plus légères; voilà ce que nous penfons de l'ouvrage de M. de Mouchy.

M. BERRUER.

Bufte de Deftouches.

Trop de rondeur dans les chairs, qui paroiffent bourfoufflées, & non point celles d'un homme qui feroit même très-gras; & en conféquence de cela, l'anatomie de la tête perdue, & que l'on ne fent pas; tous les détails paroiffent faire grimacer la figure; & leur exécution, qui nous a paru un peu fervile, fait fentir que ce marbre eft un portrait dont on fent la roideur au moins autant qu'on la voit.

M. DE JOUX.

Le Maréchal de Catinat.

Tête trop petite pour le corps qui nous a paru

un peu lourd, ainſi que ſon attitude & l'enſemble de la figure; c'eſt qu'il a un dangereux voiſin.

M. JULIEN.

Erigone.

Belles proportions, contours agréables & volup-tueux, détails gracieux, chairs d'un moëlleux achevé, attitude vraie & attrayante, ſageſſe & facilité de deſſin dont l'exécution aiſée paroît n'avoir rien coûté au ciſeau de l'Artiſte.

M. HOUDON.

Statue de Voltaire.

Je l'ai priſe pour un antique dont elle réunit la vérité & la ſimplicité; la draperie eſt hardiment jet-tée, comme la nature la jetteroit; mais je crains qu'elle ne ſoit un peu lourde : détails ſavans, anato-mie belle, bien ſentie, vigoureuſement prononcée & naturellement rendue : attitude de la plus grande vérité.

Le Maréchal de Tourville.

Feu de compoſition, nobleſſe d'attitude & d'ex-preſſion, ſublime d'idées, exactitude & beauté de proportions, tout me paroît réuni dans ce marbre. Quelle différence de ces draperies à celles de l'antique ſi juſtement admirées, parce qu'elles font ſentir le nud, & qu'elles ne dérobent point aux yeux la beauté & le gracieux des formes ! Celles-ci font également ſentir le nud; mais le comble de l'art, c'étoit de don-ner de la légereté au marbre, de le faire voler comme de la mouſſeline ou de véritables étoffes, & ce que la ſculpture antique n'a pas fait, la ſculpture Françoiſe l'entreprend & l'exécute avec gloire; c'est l'effort du génie.

Quelle ame ! quelle rapidité dans cette attitude de mouvement ! voilà l'Achille qu'il eût fallu dans le Tableau de M. Vien.

F I N.

www.ingramcontent.com/pod-product-compliance
Lightning Source LLC
Chambersburg PA
CBHW030117230526
45469CB00005B/1687